# BIOGRAPHIE

## DE JACQUES LABLÉE.

Cette biographie, tirée à un très-petit nombre d'exemplaires, n'était pas destinée à être mise en vente ; on avait même pensé à ne la faire paraître qu'après la mort de l'homme de lettres qui en est le sujet, mais diverses causes ont déterminé sa publication. Malgré ce qui s'y trouve à son avantage, M. Lablée l'a adoptée, d'autant plus qu'elle ne contient guère que des faits dont il ne craint pas le démenti ; il a lui-même fourni une partie des notes qui ont servi à sa composition. Assurément, il ne s'est pas cru assez d'importance pour que le public s'occupât de lui : on voit au commencement de l'écrit quels en ont été les motifs et l'opportunité ; mais si on veut bien mettre de côté ce qui a trait à lui, nous demanderons si ce n'est que dans la vie de hauts personnages, même d'hommes célèbres, qu'il peut y avoir un grand intérêt ; nous demanderons si c'est là principalement qu'il faut faire l'étude du cœur humain, si c'est là que les beaux dons de la nature peuvent le mieux s'apprécier.

Nous ne donnerions pas ces questions à résoudre à ces esprits serviles toujours à genoux devant les réputations et les fortunes.

Cette biographie était entièrement composée lorsque les hommes de l'amnistie sont arrivés au pouvoir.

PARIS. — IMPRIMERIE DE E.-B. DELANCHY,
Rue du Faubourg-Montmartre, N° 11.

# BIOGRAPHIE

## DE

## JACQUES LABLÉE,

### ANCIEN CHEF D'ADMINISTRATIONS

#### CIVILES ET MILITAIRES,

**Doyen des Hommes de Lettres,**

## EXTRAITE DE DIVERSES BIOGRAPHIES,

### ET DE MÉMOIRES PARTICULIERS.

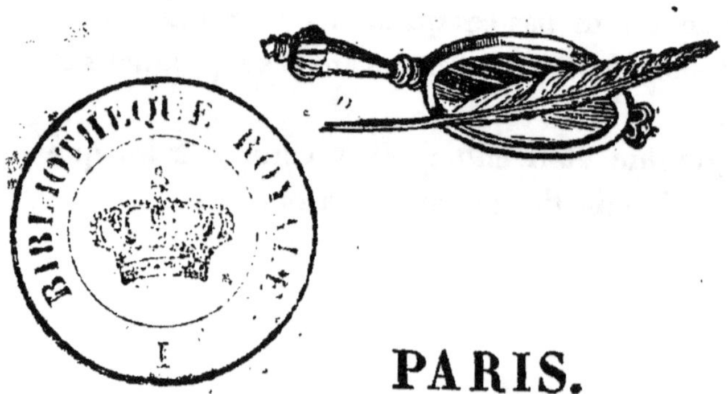

## PARIS.

### DUMONT, ÉDITEUR,

CERCLE LITTÉRAIRE, 88, PALAIS-ROYAL;

## 1838.

# BIOGRAPHIE

## DE JACQUES LABLÉE.

Si la publication de la biographie d'un simple particulier, encore vivant, peut être justifiée et affranchie
du ridicule qui s'attache à d'orgueilleuses prétentions,
c'est lorsqu'elle peut contribuer à la réparation de torts
du pouvoir ou de la fortune éprouvés par ce particulier
dans le cours ou à la suite d'une longue carrière littéraire et administrative ; c'est aussi lorsque, dans l'intérêt
de la vérité et de la justice, il est besoin de rectifier des
inexactitudes, et de suppléer à des omissions ayant eu
lieu à son sujet dans d'autres biographies. On trouvera
dans celle-ci des faits et des anecdotes qui, se rapportant à l'histoire des révolutions de 1789 et de 1830,
aideront à faire apprécier le caractère de quelques
personnages, et peut-être jugera-t-on qu'elle n'est pas
entièrement d'un intérêt personnel.

On lit dans la *Biographie des hommes du jour :*
« Les quatre-vingt-six ans de M. Lablée l'ont rendu le
« doyen des hommes de lettres français : administra
« teur, poète, romancier, moraliste, à ces titres il
« appartient à notre œuvre de justice et d'impartialité. »

M. Lablée est aujourd'hui dans sa quatre-vingt-septième année. Est-il véritablement le doyen de nos hommes de lettres, de ceux du moins dont la plume s'est fait remarquer par la composition d'ouvrages purement littéraires ? C'est ce qui nous paraît n'être pas contesté.

Jacques Lablée est né à Beaugency (Loiret) le 26 août 1751. Son père, négociant et propriétaire, né en 1690, avait vu Louis XIV sur son trône. Appelé souvent à Paris pour ses affaires, il s'y est trouvé avec Boileau et Thomas Corneille. Il avait soixante ans lorsqu'il s'y maria. Sa femme, qui en avait vingt-sept, contrariée dans ses amours par ses parents à cause de la grande disproportion d'âge, avait levé l'obstacle en venant s'y joindre à lui. Après six ans de mariage, elle mourut lui laissant quatre enfants. Quelques années après, l'homme veuf, croyant avoir assez de fortune pour que sa famille pût vivre dans l'aisance, quitta le commerce.

J. Lablée fut mis, à six ans, à l'étude du latin ; jusque-là, il n'avait lu que dans des livres d'église. En ce temps, on ne négligeait pas d'inspirer aux enfants des sentiments religieux, et la pratique se joignait aux leçons. Une morale saine, de bonnes règles de conduite, de bons exemples, voilà ce que le jeune élève recueillit dans les livres dont nous parlons.

A onze ans, il fut mis en pension au séminaire de Meung, à deux lieues de Beaugency. Ce séminaire n'était pas uniquement institué pour former des ecclésiastiques. Trois ans avant, Colardeau en était sorti ; c'était là qu'il avait composé sa tragédie d'*Astarbé*. M. Lablée s'était déjà essayé par quelques poésies légères, dans lesquelles ses maîtres avaient crû voir un goût pur, de l'imagination, et l'heureuse expression de sentiments qu'on peint mal lorsqu'ils ne sont pas véritablement éprouvés.

Le supérieur du séminaire, augurant qu'un jour il prendrait rang parmi les auteurs, lui donna de préférence la chambre que Colardeau avait occupée ; plus heureux l'adepte, si, par la suite, il avait été aussi bien inspiré que son devancier !

A quinze ans, il fit sa rhétorique à Vendôme, chez les oratoriens, et y remporta le prix de versification française. Les œuvres de Gessner, dont quarante ans après il traduisit en vers *la Mort d'Abel*, étaient sa lecture favorite. Quelques autres prix remportés auraient pu décider sa vocation littéraire, mais le grand besoin qu'il a toujours eu d'agiter son esprit le rendait peu propre à des études suivies. La culture des lettres ne devait pas être sa principale occupation ; rentré dans la maison paternelle, il les négligea. La perte d'un temps si précieux ne fut que tardivement et imparfaitement réparée. Libre de bonne heure de préjugés vulgaires, frappé par les imperfections de notre organisation sociale, ce n'est qu'avec une sorte de terreur qu'il dit avoir fait ses premiers pas dans le monde. Il eut beaucoup de peine à s'accommoder à ses usages. Inquiet de son avenir, il ne recueillait de son esprit méditatif que le chagrin de voir l'ordre et la justice incessamment troublés. Il pressentait déjà le sort qui l'attendait dans les traverses d'une vie qui devait être très-orageuse. Pour échapper aux mesquines idées, au commérage des habitants de sa pe-

lite ville, il se retirait fréquemment dans un bien patrimonial qui n'en était pas éloigné, et auquel son bisaïeul
avait donné le nom de *l'Angleterre*, soit parce que la
maison formait un angle entre deux chemins, soit parce
que, disait-on, lors du siége d'Orléans, où Jeanne d'Arc
s'est immortalisée, des Anglais y avaient campé. Là, sa
pensée se reposait, ou elle s'émerveillait à l'aspect des
beautés champêtres qui, du coteau sur lequel la maison
était située, offraient un tableau ravissant ; là il trouvait dans la simplicité des mœurs villageoises, de la
sympathie avec son naturel et ses goûts ; et ces riantes
images, et ces joies du cœur se sont, long-temps après,
reproduites dans ses œuvres comme elles l'étaient dans
son souvenir.

Il fut des années sans se déterminer pour le choix
d'une profession ; celle d'avocat le flattait davantage : il
y voyait le moyen de satisfaire sa plus grande ambition, celle de pouvoir défendre le faible contre le fort,
et de faire valoir les droits de l'humanité contre les
puissants à qui il est si facile de les violer impunément.
Après avoir travaillé quelque temps dans des études de
notaire et de procureur, il vint à Orléans faire son droit
par bénéfice d'âge, et reçut quelques leçons de Pothier,
à qui un de ses oncles, dont ce célèbre jurisconsulte
était l'ami, l'avait recommandé.

A vingt ans, dans un premier voyage à Paris, il fit
une visite à Fréron, qui habitait alors une jolie maison
de campagne dans la plaine de Montrouge. Son intention était de le consulter sur une critique qu'il avait
faite d'un *Traité du bonheur*, par Deserres de La Tour.

Fréron l'invita à déjeûner, l'engagea à ne point publier, sur un ouvrage ignoré, un ouvrage qui le serait davantage, et lui donna des encouragements et des conseils.

M. Lablée revint à Beaugency dans l'intention d'y suivre le barreau. Un seigneur de village, soit par méprise, soit par passetemps, avait fait arrêter et conduire en prison un de ses parents, comme chef d'une bande de voleurs réfugiés dans la forêt de Marchenoir, à peu de distance d'Orléans. Le prévenu était un receveur des amendes, très-estimé et vivant dans l'aisance. Le seigneur ne trouva pas de meilleur moyen de se tirer de l'embarras où le mettait une incrimination aussi peu fondée que d'y persister. De faux témoins furent entendus : le prétendu vol aurait été commis sur un grand chemin ; la condamnation à la roue allait être prononcée ; M. Lablée obtint du délai, et rédigea un mémoire que Mlle de Mauléon, femme de mérite et d'esprit, présenta au grand-chancelier dont elle était l'amie. L'ordre fut donné de ne pas suivre ; le seigneur du village en fut quitte pour un dédommagement.

Une pareille violation de ce que l'homme a de plus précieux, l'honneur et la liberté, n'était pas le seul acte de cette nature dont l'impunité eût fait sur l'esprit de M. Lablée une vive impression. Après avoir souvent observé, dans l'exercice du pouvoir comme dans l'administration de la justice, l'influence du rang et de la fortune, était-il en lui de ne pas aspirer à un temps où la loi et l'opinion éclairée auraient assez de force pour rendre ces abus et ces excès plus rares ou moins funestes, si elles ne parvenaient à les détruire ?

Quelques poésies légères, insérées dans les *Alma-*

*nachs des Muses* et *les Étrennes d'Apollon*, avaient suffi pour qu'une société d'hommes de lettres l'attirât à Paris. Parmi les membres de cette société, étaient *Roucher, Saint-Ange, Piis, Monvel, Imbert, Dussieux, Maréchal, d'Arnaud-Baculard, Le Bailly, Le Noir-de-Laroche,* etc. Il se fit des amis de plusieurs. Maréchal, surnommé le berger Sylvain, n'était alors connu que par des bergeries ou poésies anacréontiques. On était loin de croire que, par la suite, il le serait, non pas plus avantageusement, mais davantage, par des œuvres de politique radicale et par de volumineuses compilations. Un goût sympathique pour le genre de poésie le plus doux, le plus gracieux (nous allions dire le plus innocent), avait fait se lier les deux jeunes poètes. Ils publièrent ensemble, sous leurs noms, leurs essais de poésie.

Le 27 mars 1781, M. Lablée prêta le serment d'avocat au parlement de Paris, et traita de la charge d'avocat du roi au bailliage et présidial de Beaugency. Le traité était conditionnel : M. Lablée ne pouvait entrer en fonction qu'avec l'agrément du duc d'Orléans. Les formalités à remplir auprès du grand-chancelier du prince ayant traîné en longueur, le traité n'eut point d'exécution, et M. Lablée, se fixant à Paris, y suivit les audiences du Palais. Les longues études, entre autres celle des coutumes, auxquelles il lui aurait fallu se livrer pour exercer sa noble profession avec une distinction dont il aurait été jaloux, ne tardèrent pas à le fatiguer. Il ne l'a marquée que par quelques mémoires dans des affaires personnelles.

Bientôt les troubles du parlement et le mouvement

qui se faisait sentir dans toutes les têtes, à l'approche
d'une grande révolution, lui firent abandonner un état
qu'il n'avait pris que dans l'espérance de s'y faire un
nom. L'heure d'une réforme sociale ayant sonné, il ne
tarda pas à se rendre à l'appel. Il demeurait alors dans
le district des Cordeliers, centre d'où jaillirent les premières étincelles du feu dont, en attendant sa régénération, la France devait être embrasée. Il était bien
éloigné de penser aux ressorts qu'on ferait jouer pour
opérer cette régénération. Dans les délibérations de
l'assemblée primaire, il ne fut pas long-temps sans atti-
rer l'attention, soit qu'il s'opposât à de fausses mesures,
soit qu'il s'agît d'en faire adopter de favorables au but
vers lequel tendait la disposition des esprits ; aussi, dans
les élections, la majorité des suffrages se portait fréquemment sur lui.

Une malveillante intention a pu seule faire dire, dans
la *Biographie* de M. Michaud, que M. Lablée avait eu
de fréquents rapports avec Danton, ce qui a été répété
dans d'autres biographies. Il n'y a eu entre eux d'autres
rapports que ceux dans lesquels on se trouve lorsqu'on
est membre des mêmes commissions, ou lorsqu'on est
chargé en commun de rédactions. Jamais M. Lablée n'a
été introduit dans les conférences qui avaient lieu hors
du local où se tenaient les assemblées. Danton et lui
étaient d'ailleurs le plus souvent en opposition : Danton
poussait au but par des moyens violents ; M. Lablée voulait favoriser l'essor qu'avait pris l'opinion par l'expan-
sion des lumières, par des raisonnements propres à
convaincre, par la force des principes ; aussi Danton
l'appelait-il dérisoirement *le principier.*

M. Lablée avait été nommé par l'assemblée du district un de ses cinq représentants à la commune de Paris, qui tenait ses séances à l'Hôtel-de-Ville. On avait à choisir un administrateur parmi ces cinq représentants ; il était absent lorsque le choix tomba sur lui. Danton lui avait donné sa voix, le croyant propre à administrer, mais nullement à le seconder à la tribune.

Nommé par le district, en 1789, officier de la garde nationale parisienne, il fut chargé par le général Lafayette de diverses missions qui n'étaient pas sans danger, entre autres de la garde des poudres de l'Arsenal, dans la nuit où les habitants du faubourg Saint-Antoine s'étaient portés à Versailles ; et une autre fois de la visite, avec l'architecte de la ville, des souterrains au-dessus desquels est construite une partie des maisons du faubourg Saint-Germain, et où l'on croyait que des mines avaient été pratiquées.

M. Lablée, officier municipal et un des soixante administrateurs de la commune de Paris, montra le même esprit de modération qui lui avait valu le choix du district des Cordeliers. Il partageait avec Vauvilliers les travaux concernant les approvisionnements de Paris, et se rendait surtout utile dans l'inspection des marchés de Sceaux et de Poissy. Les marchands forains n'étaient point forcés de recevoir en paiement des billets de banque qui n'avaient cours que dans la commune de Paris, et qui perdaient crédit sur la place. Lorsque des bouchers et des marchands forains étaient convenus d'un prix, ceux-ci refusaient le paiement offert en billets ; de là des rixes avec ceux des bouchers qui n'avaient point crédit à la caisse de Poissy. M. Lablée, dans son intervention, était souvent menacé ; un jour, le gibet fut dressé pour lui. Les forains n'arrivaient plus qu'en petit nombre ; l'approvisionnement allait manquer. M. Lablée fit un rapport à Necker, et lui parla en faveur des bouchers, qui, n'étant point crédités, ne pouvaient payer leurs achats en écus. Le ministre lui fit donner, chaque semaine, 60,000 fr., qu'il échangeait avec des billets de banque, suivant la position et le besoin des bouchers. Par ce moyen l'approvisionnement fut assuré.

M. Lablée venait de recevoir du maire de Paris une lettre d'éloges sur le succès de son administration, lorsqu'il fut nommé président de la section du Luxembourg, dans laquelle il se trouvait, les circonscriptions en districts ayant été changées en sections.

Dans le numéro du 4 décembre 1816, le *Journal des Débats* parle ainsi d'un événement qui avait eu lieu au Petit-Luxembourg, le 22 février 1791, M. Lablée étant président de la section :

« M. Lablée a des droits sacrés à la reconnaissance « des Français. Qui ne sait avec quelle noble audace il « exposa sa vie pour conserver un sauveur à la France. « Long-temps victime d'un si beau dévoûment, le jour « du bonheur s'est enfin levé pour lui. Le salut des « Français a été sa première récompense ; il a reçu l'au- « tre de la main du prince (la croix de la Légion-d'Hon- « neur). »

On verra quelles ont été pour lui et les siens les suites de ce beau dévoûment, et si le jour du bonheur se leva pour lui.

L'événement dont il s'agit ayant été rapporté d'une

manière inexacte et incomplète dans une histoire de Louis XVIII, et plusieurs historiens et journalistes l'ayant dénaturé, nous en parlerons avec quelques détails.

Dans la soirée d'un hiver très-rigoureux, un attroupement formé au Palais-Royal, sur le bruit du prochain départ de *Monsieur*, frère de Louis XVI, se porta vers le Petit-Luxembourg que le prince habitait, et se grossit dans la route. Sept à huit mille individus, hommes et femmes, remplissaient une partie de la rue de Vaugirard. M. Lablée présidait l'assemblée sectionnaire ; hors du local où elle se tenait, le président n'avait aucun pouvoir, aucun devoir à remplir ; mais, par un mouvement spontané, pensant au danger que courait le prince, il se fit donner une garde d'honneur, et s'empressa d'aller à son secours ; il eut beaucoup de peine à percer la foule et à parvenir au palais dont les portes étaient déjà ébranlées : un seul mot d'un mécontent pouvait le faire pendre à une lanterne voisine, et ce mot on croit qu'il a été prononcé. Il parla au peuple la langue de l'honneur, et obtint qu'il n'entrerait avec lui au palais qu'une députation de femmes qui s'assurerait des dispositions du prince. *Monsieur* était, dit-on, chez la comtesse de Balby. M. Lablée eut le temps de le faire prévenir. La réponse à ce qu'on allait lui demander fut concertée ; il entra dans la salle où il était attendu ; beaucoup d'individus s'étaient joints à la députation. Le prince interrogé prit l'engagement de ne point se séparer du roi son frère. — Mais quelle sera, lui dit-on, la garantie de votre parole ? — Ma tête, dit M. Lablée. La caution fut acceptée ; on décida que le procès-verbal de l'engagement cautionné allait être dressé à la section. Des femmes voulaient garder *Monsieur* pendant la nuit : M. Lablée s'y opposa. Son rapport calma la multitude qui n'avait pas quitté les portes du palais.

*Monsieur*, averti qu'un autre attroupement s'était formé au Carrousel, voulut se rendre aux Tuileries ; il ne le put sans un grand danger : sa voiture fut tellement encombrée que M. Lablée eut la plus grande peine à la faire dégager.

Bailly et Lafayette n'avaient pu parvenir à faire dissoudre l'attroupement du Carrousel, il ne céda qu'à l'annonce de ce qui s'était passé au Luxembourg.

Après une courte délibération à la section, où furent inscrits les noms des femmes qui s'étaient fait le plus remarquer au palais , noms que M. Lablée a conservé , il s'empressa d'aller rendre compte de l'événement à l'assemblée nationale.

Le conseil général de la commune s'était réuni et avait envoyé une députation à l'assemblée ; elle n'arriva que lorsque la séance venait de finir ; plusieurs députés embrassèrent M. Lablée, en l'assurant qu'il avait fait plus que ce qu'il croyait avoir fait. Si on ajoutait foi au dire de gens initiés alors dans les secrets de la diplomatie, il devait y avoir à cette époque un grand mouvement dans Paris. M. Lablée fut conduit triomphalement par les officiers municipaux à l'Hôtel-de-Ville, où, sur le réquisitoire du procureur-général Sindic , des remercîments lui furent votés. Le procès-verbal de l'événement et son impression furent votés également.

Dans une des conférences particulières que le prince eut avec M. Lablée, il l'instruisit d'autres dangers auxquels il se disait journellement exposé. Il trouva encore sa sécurité dans l'active vigilance du président, qu'il ne manquait pas d'envoyer chercher aux jours de trouble.

Dans un de ces jours on s'était porté aux Tuileries. L'épouse de *Monsieur*, tendant les bras à M. Lablée, lui dit : « *Je vous suis redevable des jours du prince ; empéchez-le, je vous prie, d'aller aux Tuileries.* » M. Lablée répondit qu'en pareilles circonstances le prince ne pouvait prendre conseil que de lui-même.

Il reçut ensuite de *Monsieur* la promesse que si les troubles publics se calmaient, il le ferait nommer à une place élevée : on parla de celle de secrétaire de la liste civile.

L'administration de la commune de Paris devant être renouvelée, les nominations se firent dans un autre esprit que celui qui avait signalé la municipalité de 1789 : M. Lablée fut remplacé par un marchand droguiste. Il avait servi sans rétribution ; une partie de son faible patrimoine s'était perdu dans l'exercice de ses différentes fonctions ; une place dans les bureaux où il avait administré était à donner ; un traitement y était attaché : il la demanda, elle fut donnée à un de ses commis, Réal ; antérieurement procureur, devenu depuis conseiller d'état, comte de l'empire, etc.

M. Lablée avait répugné à s'initier dans les projets des partis qu'il voyait en désaccord avec ses opinions.

Moins propre que qui que ce fût à servir les vues d'une
politique vacillante, il avait à la fois en haine le despotisme et l'anarchie, et s'armait également contre ce
qui lui semblait tendre vers l'un ou vers l'autre. Ne
reconnaissant dans le pouvoir que l'obligation de faire
le bien, sinon de tous, du moins du plus grand nombre, il rapportait tout à l'humanité, et ne cherchait
dans les formes du gouvernement que ce qu'il croyait
être le plus favorable à ce grand besoin de la société.
C'était instinctivement qu'il jugeait les hommes et les
systèmes, laissant aux éternelles divagations ce qu'on
appelle des opinions, qui ne sont dans le plus grand
nombre que des intérêts dissimulés. Se trompait-il,
ce qui lui est souvent arrivé, ses erreurs étaient invo-
lontaires ; s'apercevait-il qu'il prenait une fausse route,
il entrait dans une autre. C'est en ne perdant pas de
vue cette règle, attribuée par lui-même à sa conduite,
qu'il faut le suivre sur d'autres terrains qu'il va par-
courir.

Le système de la terreur est celui dont il s'est tenu
le plus éloigné ; il n'a vu dans son application que de
froides barbaries plus nuisibles qu'utiles à l'ambition
et aux vues de ses inventeurs, et dont l'effet le plus
certain aurait été de tuer la civilisation ; aussi pour-
suivit-il de toute son énergie ceux qui s'en étaient fait
un moyen d'élévation, et ceux qui croyaient trouver
dans sa prolongation leur salut ou leur fortune. Il ne
considérait pas s'il y avait parmi eux des hommes près
desquels il avait marché dans les commencements de
la révolution ; il lui avait suffi que les députés de la

Gironde fussent en opposition avec cet affreux parti pour qu'il s'attachât à eux.

Il fit alors l'entreprise d'un petit journal ayant pour titre *le Fanal parisien*, ouvrage destiné à éclairer les citoyens sur leurs vrais intérêts, et il en fut le seul rédacteur. Certes, à cette époque, il y avait du courage à se déclarer avec acharnement l'ennemi des Marat et des Robespierre ! A peine le prospectus eut-il paru que M. Lablée fut encouragé par Clavière, ministre des finances, et accrédité par Mme Roland et ses amis. *Le Fanal parisien* fit sensation ; on y remarqua surtout quelques articles concernant le procès et le jugement de Louis XVI. M. Lablée ne croyait-il pas qu'une faction dominante pouvait perdre ses moyens d'action par le seul effet d'écrits simultanément répandus parmi les classes de citoyens ayant le plus besoin d'instruction ? Il passait, avec Lamarche, directeur de la fabrication des assignats, une partie des nuits à composer des écrits de ce genre ; les feuilles formées de ces élucubrations étaient soumises à l'examen de Mme Roland. M. Lablée eut assez de bonheur pour qu'on n'en trouvât rien dans les papiers de cette femme célèbre, qui fut conduite au supplice avec Lamarche.

Peu de temps après, au moment où il s'y attendait le moins, il reçut la commission d'administrateur-général des subsistances militaires. Il avait dans ses attributions les fournitures particulières ou approvisionnements de siége. Des marchés de vins et d'eaux-de-vie étaient à faire, et ne pouvaient se faire que par sa signature. Les soumissions lui arrivaient de toutes parts ; il

.sut se tenir en garde contre les piéges et les séductions; aujourd'hui encore il ne serait pas difficile de prouver qu'il rejeta les pots de vin que de hauts personnages, même des représentants du peuple, lui avaient fait offrir ; mais, pour se maintenir dans sa place, il ne suffisait point qu'il l'exerçât avec zèle, habileté et désintéressement, il lui fallait encore déjouer les intrigues d'hommes qui n'ignorant pas le parti qu'on en pouvait tirer, faisaient tous leurs efforts pour qu'il la perdît. Leur espoir était, ou de le remplacer, ou de trouver moins de scrupule dans son successeur. Pour se conserver il aurait fallu ne pas défendre l'entrée de son cabinet à d'impudents soumissionnaires, déjà riches de concussions ; il aurait fallu surtout ne pas refuser des places dont il pouvait disposer à des hommes hors d'état de les remplir, et sachant à peine signer leurs noms, mais qui étaient de la section, et, qui pis est, membres du comité révolutionnaire. C'étaient là ses plus dangereux adversaires. Il croyait n'avoir rien à en redouter. Lorsque l'étranger, ayant franchi nos frontières, menaçait Paris, pour exercer ses fonctions d'administrateur, M. Lablée avait transporté son domicile dans la section des Gravilliers, et s'y était bientôt fait distinguer par son patriotisme et son esprit conciliant. Dans les élections, ainsi qu'aux Cordeliers, les suffrages lui avaient été acquis. Il était président de cette section. Une foule immense s'était portée dans l'église de Saint-Nicolas qu'on avait prise pour lieu de réunion. M. Lablée tâchait de n'être pas aperçu, il le fut ; des acclamations l'appelèrent au fauteuil, où il fut entraîné comme malgré lui. Il eut beaucoup de peine à rappeler à l'ordre des femmes agglomérées dans une même tribune, et qui couvraient la voix des délibérants. Le prêtre Jacques Roux proposait d'effrayantes mesures. Le président, par une chaleureuse improvisation, attira sur ce fanatique une réprobation générale. Prévenu qu'un sieur Martin devait demander qu'on se portât aux prisons, dès que le président le vit monter à la tribune, sa motion à la main, il n'eut besoin que de caractériser en quelques mots l'infernale intention de cet homme pour que celui-ci fût forcé de descendre.

Ce jour fut encore un jour de triomphe pour M. Lablée, mais le moment où il devait perdre à la fois sa place et sa liberté n'était pas loin. Dénoncé au comité révolutionnaire comme auteur du *Fanal parisien*, et principalement comme ayant favorisé l'émigration de *Monsieur*, frère de Louis XVI, après avoir pendant un mois pris de ruineuses précautions, il fut arrêté au milieu de la nuit. On hésita pourtant à mettre en prison un administrateur des subsistances militaires, qui, revenu d'une mission administrative, avait, disait-il, à faire un rapport important. On en référa au comité de sûreté général; en attendant on le tint en charte-privée. A ce comité se trouvait Danton; il réclamait avec force en faveur de ce qu'il appelait des patriotes purs, et prit avec tant de feu le parti de M. Lablée, qu'il avait cependant toujours vu en opposition avec lui, qu'il obtint sa mise en liberté. M. Lablée n'en profita pas long-temps : attiré dans de nouveaux piéges par un homme éconduit de ses bureaux, il fut arrêté

comme suspect, et emprisonné au Luxembourg : il y
resta six mois ; mis plusieurs fois sur la liste des déte-
nus devant être suppliciés, il fut sauvé par des circonstances presque miraculeuses.

Le 13 thermidor était le jour où il devait paraître au
tribunal de sang avec cinq citoyens de sa section ;
le 9 fut celui de sa délivrance.

Rendu à la liberté, il rentra dans l'administration des
subsistances militaires comme agent général ; mais les
services de la guerre ayant été mis en entreprises, il se
trouva quelque temps sans emploi. Porcher, son ancien
ami, membre du sénat conservateur, puis pair de
France, avait à faire, avec Cambacérès, une liste de
présentation de conseillers à la Cour de cassation ; il lui
proposa de le mettre sur cette liste, en sa qualité d'ancien avocat au parlement. M. Lablée s'y refusa, ne se
connaissant point assez d'instruction ; d'ailleurs, la position dans laquelle l'avaient mis sa détention et ce qui l'a-
vait précédé ne lui aurait pas permis de paraître convena-
blement dans un rang aussi élevé ; il se contenta d'une
place de procureur-syndic au district de Pithiviers
(Loiret). Là aussi, les terroristes étaient poursuivis.
Quoique M. Lablée fût loin d'être leur défenseur, il
ne voulut pas être un aveugle instrument de vengeance,
ni se montrer infidèle à son mandat en favorisant une
réaction qui, d'ailleurs mal concertée, lui paraissait ne
pouvoir se faire qu'au profit de quelques ambitions. Ce
qu'il avait recueilli de la succession d'une parente s'é-
tait presque entièrement épuisé dans l'exercice d'une
place dont le traitement ne se payait qu'en papier à peu

près sans valeur. Avec moins de scrupule ou de délicatesse, il aurait pu améliorer sa position.

Une adjudication de biens nationaux devait se faire à l'administration du district. Trois particuliers, les plus riches de l'arrondissement et des lieux voisins, étant venus le trouver, lui proposèrent d'être en quatrième dans l'acquisition d'une partie de ces biens, lui offrant de faire pour lui l'avance des fonds pour ce qui leur serait adjugé. Ils avaient à la main le traité auquel il ne manquait que sa signature ; il signa presque aveuglément, croyant peut-être qu'il pouvait, comme tout autre, prendre un intérêt dans les adjudications. Il ne lui a pas fallu beaucoup de temps ou de réflexion pour revenir sur cette idée. Il ne pensa donc plus qu'à l'annulation du traité, et profita pour cela d'une circonstance. On l'avait prévenu que, pour l'annonce du jour de l'adjudication, les affiches n'avaient pas été mises, dans les cantons les plus éloignés du chef-lieu, assez à temps pour que les habitants de ces cantons pussent concourir aux enchères ; il s'opposa donc à ce que l'adjudication eût lieu, et proposa l'ajournement. Ayant trouvé une grande opposition dans les membres du conseil municipal, il soutint une lutte avec eux, et y mit fin en inscrivant lui-même sur le registre son réquisitoire tellement motivé, qu'il fallut bien y obtempérer. Une nouvelle loi ne tarda pas à changer le mode de ces adjudications. Le traité ainsi annulé est encore dans ses mains.

Ces places de procureur-syndic près les administrations départementales et municipales ayant été supprimées et remplacées par celles de commissaires du gouvernement, de nouvelles nominations durent se faire. Le directeur Rewbell, avec lequel M. Lablée n'avait eu qu'une correspondance administrative, l'invita à venir lui donner ses avis sur les choix à faire dans le département du Loiret, un de ceux dont il était chargé et où il ne connaissait personne. M. Lablée s'est trouvé ainsi presque maître des nominations dans ce département; mais lui-même y était devenu presque étranger; il ne put donner que deux ou trois indications. Cornet, arrivé d'abord sans état à Beaugency, où la révolution l'avait fait placer juge de paix, lui dut sa nomination de commissaire près la municipalité. Lorsqu'on eut des députés à nommer, l'assemblée électorale, incertaine dans son choix, par une considération pour la ville de Beaugency, décida qu'un député y serait élu, et on crut ne pouvoir mieux faire pour le gouvernement que d'y prendre son commissaire. Ainsi Cornet fut député, puis sénateur, puis comte et pair de France. Quant à M. Lablée, il avait sans doute pris goût au séjour de la campagne, où il avait fait venir sa famille. Libre de son choix, il se contenta de la place de commissaire près la municipalité d'Artenay, bourg situé sur le chemin de Paris, à six lieues d'Orléans. Il n'y resta pas long-temps. Le papier-monnaie n'avait plus dans ce pays la moindre valeur. Il quitta la place, laissant son traitement, et revint à Paris, où il créa le *Journal des Muses*. Leur culte était depuis long-temps négligé, il le raviva; c'est à ce journal qu'il dut la connaissance qu'il fit de Louis Bonaparte (depuis roi de Hollande).

En 1798, Louis vint à Paris, et lui fit une de ses premières visites. Il lui communiqua quelques poésies légères de sa composition ; deux ou trois ont été insérées dans le journal. Ainsi encouragé, il composa de nouvelles pièces, une entre autres ayant pour titre : *A une innocente de quinze ans.* M. Lablée croit qu'elle était adressée à Hortense Beauharnais, que Louis a ensuite épousée. A son talent précoce le jeune auteur joignait une extrême modestie. Il prit intérêt à l'homme de lettres ex-administrateur, et attira sur lui l'attention de son frère. Tous les deux le recommandèrent à Scherer, ministre de la guerre, qui le nomma contrôleur-général des services près l'armée rassemblée à Toulon. La commission du ministre était conçue en de tels termes, qu'elle pouvait servir à M. Lablée pour qu'il restât à Toulon, ou pour qu'il suivît Bonaparte à l'expédition d'Égypte. Scherer aurait bien voulu, à la faveur de sa correspondance avec le contrôleur, être instruit de divers détails dans les services de l'expédition ; mais ce n'était pas ce qu'entendait le général en chef.

C'était presque un devoir pour M. Lablée de s'embarquer avec le noble ami qui lui avait donné, à Lyon, de nouvelles marques d'attachement, et qui n'avait point douté qu'il l'accompagnât en Égypte, mais M. Lablée avait un autre devoir à remplir, celui de ne pas mettre un intervalle immense entre lui et sa femme et ses enfants, dont le sort, loin d'être assuré, excitait toute sa sollicitude.

Bonaparte avait dit qu'il verrait avec plaisir que M. Lablée ne se séparât point de son frère, mais que pour les services de son armée, il les contrôlerait bien lui-même. Après de longues hésitations, M. Lablée se détermina à rester à Toulon comme contrôleur divisionnaire. Louis avait voulu le présenter au général en chef, mais il s'y était opiniâtrement refusé, ne se sentant pas la force de résister au moindre mot que lui dirait le général, pour qu'il fît partie de l'expédition. Par le même motif, il n'osa point dire à Loüis qu'ils allaient se séparer. Arnault et Regnaud de Saint-Jean-d'Angely le félicitèrent de sa détermination, et lui parurent ne partir qu'avec peine pour l'expédition.

Quels qu'eussent été les motifs de M. Lablée pour ne point s'embarquer, et quelque douleur qu'il en eût éprouvée, il n'eut, par la suite, que trop lieu de voir qu'il avait ainsi encouru la disgrâce des deux frères. Il exerça ses fonctions de contrôleur dans la huitième division militaire, tantôt à Toulon, tantôt à Marseille, tantôt à Nice, qui alors appartenait à la France. C'est dans cette dernière ville qu'il reçut l'avis de la suppression des contrôleurs généraux, dont la création, objet du ressentiment et des réclamations des commissaires-ordonnateurs, fut regardée comme une superfétation administrative.

Il revenait à Paris, lorsqu'il fut attaqué et dévalisé par une bande de voleurs, événement rapporté dans les journaux.

Pour récompense de sa bonne inspection, on lui avait fait espérer une place de chef dans les bureaux ; mais l'esprit du ministère avait changé. Bernadotte (aujourd'hui roi de Suède) n'était plus aussi bien avec les frères Bonaparte. Louis, sollicité par M. Lablée, lui témoigna son regret de ne pouvoir lui être utile près de ce nouveau ministre, étant convenu avec lui qu'ils ne se demanderaient rien l'un à l'autre. M. Lablée se méprit sur le motif de ce qu'il regardait comme un refus : sa méprise fut pour lui le sujet d'un grand tort avec celui qui l'avait tant affectionné, et ce tort fut la cause apparente d'un éloignement qui l'a profondément affligé, et sur lequel Louis n'est revenu que beaucoup plus tard.

M. Lablée se livra alors à la composition de quelques romans de peu d'étendue, et d'un ouvrage ayant pour titre : *Considérations sur les jeux de hasard.* Cet ouvrage a paru sous différentes formes. Le produit de ces publications le mit en état de faire, en société avec un de ses amis, la sous-entreprise des transports militaires dans le département de la Somme ; mais quoiqu'il eût bien organisé ce service, il se vit contraint de l'abandonner, l'administration générale s'étant vue hors d'état de remplir ses engagements envers les sous-entrepreneurs. Peu après il s'agit de l'envoyer en Corse, comme commissaire du gouvernement. François de Neufchâteau, avec lequel l'avait lié sa littérature, appuyait sa nomination. Lorsqu'elle fut présentée à la signature du conseil, Merlin, un des directeurs, fit observer que lorsque M. Lablée rédigeait le *Journal des Muses,* en imprimant l'ode de Lebrun contre l'anarchie, il avait affecté de n'y pas joindre celle du même auteur contre le royalisme, quoique l'intention de celui-ci fût de ne pas séparer l'une de l'autre. Quelle que pût être la défense de l'inculpé, le motif qui lui était attribué suffit pour empêcher sa nomination. Le secrétaire-général Lagarde l'en instruisit en lui renvoyant une collection luxueuse des numéros du journal, dont le directoire avait agréé la présentation.

En 1806, M. Lablée fut envoyé, comme inspecteur des vivres, à l'armée d'Italie, muni de lettres qui l'auraient fait accueillir par toutes les illustrations de l'armée, entre autres par le prince Eugène, à qui l'excellente comtesse de Saint-Leu l'avait recommandé. Il était sur la route de Lyon à Turin, lorsque le pressentiment d'un malheur prochain le fit revenir à Lyon, où, quelques jours après, il reçut l'annonce de la mort de sa femme.

Lorsqu'il fut revenu à Paris, le comte Lacépède, qui l'affectionnait beaucoup, l'attacha aux travaux particuliers de la grande-chancellerie, avec un traitement de 2,000 fr. C'est pour répondre au désir du grand-chancelier qu'il composa et publia un volume ayant pour titre : *Tableau chronologique et historique des ordres de chevalerie, depuis le IV$^e$ siècle.* Il jouit pendant dix ans du même traitement, mais l'abbé de Pradt, étant grand-chancelier, le lui retira, en lui écrivant, *le 31 mai,* qu'à dater du 1$^{er}$ juin il eût à se pourvoir, lui laissant pour cela la nuit tout entière. La justice ministérielle n'a pas toujours été aussi généreuse envers lui.

Lorsque le prince Louis monta sur le trône de Hollande, il n'oublia pas son ancien confrère apollonien. Par une lettre des plus honorables et des plus flatteuses, il le recommanda à Français de Nantes, directeur des droits réunis, et à M. de Cazes, qui correspondait avec la famille Bonaparte. Français de Nantes, si bienveillant envers les hommes de lettres, ne tarda pas à l'employer, avec un traitement de 3,000 fr. Après six ans d'exercice, M. Lablée perdit sa place, le bureau des cautionnements, auquel il était attaché, ayant été supprimé.

Le retour de Louis XVIII, dont on a vu qu'il avait été le libérateur, pouvait lui donner au moins l'espérance d'un emploi. Le 8 juin 1815, dans une audience des plus solennelles, il fut présenté au roi, et au grand étonnement de la cour, il en reçut l'accueil le plus distingué. — *Nous voilà! nous voilà!* lui dit Louis XVIII en lui serrant la main. Il lui était bien permis alors de croire que ses rêves de fortune allaient se réaliser. Quelque temps après, se voyant oublié, il eut la grande imprudence de faire remettre au roi un mémoire imprimé contenant le procès-verbal dressé à la municipalité de Paris, le 22 février 1791. Le souvenir de cette journée fut sans doute peu agréable au monarque, car dix-huit mois s'écoulèrent sans qu'on donnât aucune suite aux demandes de M. Lablée. Enfin, le comte Ferrand, ministre d'état, intervint en sa faveur, et lui fit obtenir d'abord la croix de la Légion-d'honneur, ensuite une pension de 1,200 fr. M. Ferrand l'avait fait s'adresser au comte de Blacas, ministre de la maison du roi, et M. de Blacas lui avait dit en pleine audience : — *Que voulez-vous ? N'avez-vous pas eu la croix d'honneur ? Si vous n'êtes pas satisfait, vous pouvez la rendre.* M. Ferrand ne s'en tint pas à ce qu'il avait fait ; chargé par le roi d'une distribution de secours aux personnes de qui le monarque avait reçu d'importants services, il y comprit M. Lablée pour un secours mensuel de 200 fr., et lui écrivit qu'il n'avait pas à craindre que, par la suite, ce secours fût retiré. Après quatre ans de jouissance, il le fut par M. de Cazes, ministre de la police. Ce ministre était-il autorisé par l'expression de la volonté du roi à la suppression du secours mensuel, accordé sans limitation de temps, en récompense d'un éminent service dont les suites avaient été si fatales à celui qui l'avait rendu et à sa famille? alors on ne verrait là que la marque d'une insigne ingratitude ; ou a-t-il agi de sa propre volonté, afin de porter ce secours sur des têtes plus protégées? C'est ce qu'on aurait pu savoir s'il avait plu à M. de Cazes de répondre à la réclamation que M. Ferrand avait vivement conseillée. M. Ferrand avait écrit à M. Lablée : *Adressez-vous au ministre, il a les fonds, là est la toute-puissance.* Mais des démarches multipliées, des demandes de rendez-vous, lettres sur lettres, tout a été inutile ; la toute-puissance n'a pas répondu, ce qu'auront peine à concevoir les personnes qui attribuent à M. le duc de Cazes de la droiture et de la bonté. Le coup avait porté au cœur d'une famille nombreuse, déjà accablée par tant de pertes et de malheurs. La plaie saignante devait s'envenimer ; au lieu d'une vie calme, d'une douce sécurité, l'avenir n'offrait plus que des orages. Si cet important secours ne devait pas être continué pour le père, qui avait rempli avec tant de courage, d'abandon et de rare désintéressement, des fonctions élevées qui auraient été pour d'autres une source de fortune, ne devait-il pas l'être pour ses filles, notoirement recommandables par tant de vertus. Sans doute, si M. de Cazes eût pressenti les effets de son impitoyable suppression, il aurait plutôt brisé sa plume que d'y apposer sa signature ; il n'aurait pas à gémir aujourd'hui de ne pouvoir rien faire par sa faveur.

M. Lablée s'apercevait bien que Louis XVIII ne voulait plus se souvenir de lui , et que rien autour de ce monarque n'était négligé pour le décharger du poids de sa mémoire, Il n'a reçu qu'une partie de ce qui lui avait été octroyé , et on lui a fait payer chèrement la longue et inutile réclamation de l'autre partie par le sacrifice qu'il lui a fallu faire de cette noble fierté dans laquelle , en pareille circonstance , une âme bien née a besoin de se réfugier ; mais il s'agissait de la réalisation d'un don royal qui n'était pas contesté ; mais il était père , et la famille qui avait vu ce père , après une longue détention , prêt à monter sur l'échafaud , parce qu'il avait garanti de sa tête *une parole royale qui n'avait pas été tenue;* cette famille qui , par les suites de ce grand dévoûment , avait déjà perdu , avec son rang social , les avantages qu'il lui aurait procurés , n'avait-elle aucun droit pour être du moins rétablie dans l'état d'aisance où elle se trouvait à l'époque de l'événement du Luxembourg ? Au lieu d'une place supérieure si chaleureusement promise , lorsqu'on était encore dans les liens de la peur , le plus petit emploi dans le ministère de la maison du roi n'a pu lui être accordé , seulement M. le comte de Pradel, à l'intérêt de qui il a été très-redevable , lui écrivit que, si ses enfants venaient à le perdre , leur position serait mise sous les yeux du roi. Malgré l'éventualité , c'était lui faire la plus belle promesse qu'il eût jamais reçue.

Le duc d'Avaray, ancien voisin de campagne de M. Lablée, lui avait rapporté que Louis XVIII, causant quel-
quefois avec lui de l'événement du Luxembourg, avait
dit que sans le président il ne savait ce qu'il serait
devenu ; mais les éclatants témoignages de la gratitude
du monarque étaient réservés au marquis d'Avaray. Il a
beaucoup parlé de celui-ci dans son *Voyage de Co-
blentz*, et n'a pas dit un seul mot de M. Lablée, qui avait
plus fait pour lui que le marquis.

Nous placerons ici des vers que M. Lablée, après la
mort de Louis XVIII, mit au bas de son portrait :

Au péril de mes jours je t'ai sauvé la vie ;
Par ma tête, la tienne alors fut garantie.
    Devenu roi, la cour a vu ta main
    Serrer la mienne, et ta voix attendrie
    Me promettait le plus heureux destin.
Hélas ! j'étais sans nom, et sans titre et sans gloire !
Mon service bientôt affligea ton orgueil ;
A tant de dévoûment tu ne voulais plus croire,
    Tu regrettais ton solennel accueil ;
    Et quand de toi j'aspirais un coup d'œil,
    Ingrat ! démentant ta mémoire,
Tu détournais les yeux de ton libérateur.
Mais quoi ! le trait était gravé dans ton histoire,
    S'il ne l'était pas dans ton cœur !
    Lorsqu'infidèle à tes promesses,
    Sous leur humble toit tu laissais
Les vertueux objets de mes vives tendresses,
    A pleines mains tu versais tes bienfaits.
    Sur tes          s et tes          s.
De ce reproche amer, ah ! j'abjure l'excès ;

Louis, que de vertus ont couvert tes faiblesses !
Ingrat moi-même, avant tes dédains, tes regrets,
        N'avais-je pas, plein de reconnaissance,
Du service d'un jour reçu la récompense ?
Ne m'as-tu pas doté du signe de l'honneur ?
Et n'ai-je point eu part à ta munificence ?
Au ciel, déjà pour toi, j'avais formé des vœux ;
A l'éternel oubli je livre ton outrage,
Et c'est en souvenir de tes dons généreux,
Louis, que devant moi je place ton image.

Tout emploi ne fut pourtant pas refusé à M. Lablée. Le comte Ferrand lui dit un jour : « La place de com- « missaire de police dans l'arrondissement des Tuileries « est vacante ; en attendant mieux, si elle vous convient, « je vais vous adresser à Beugnot, ministre, à qui j'ai « parlé de vous. Dans les rapports où la place vous « mettra, vous pourrez encore rendre des services au « roi. » M. Lablée accepta la proposition. M. Beugnot lui dit qu'il pouvait se regarder comme nommé. Lorsque ensuite M. Lablée fut le voir pour être sûr du jour où il serait installé, le ministre parut surpris de ce qu'il ne l'était pas encore, et l'adressa, pour l'être, au secrétaire-général ; mais celui-ci lui dit : « A quoi « pense donc le ministre ? la place est occupée ; il y a « deux mois qu'il en a disposé. »

L'inconcevable disgrâce de M. Lablée fut continuée sous le règne de Charles X. Mais ne méritait-il pas, de la cour de ce prince, plus de punition que de récompense ? N'était-ce pas lui qui avait délivré le frère du comte d'Artois d'un danger auquel, sans lui, le prince aurait infailliblement succombé ? On lui avait vraiment beaucoup d'obligation ! N'était-il pas d'ailleurs un révolutionnaire (mot qui se trouve dans un rapport officiel au ministre de la maison du roi, sur la proposition d'une pension de 2,000 fr. pour les demoiselles Lablée) ? N'en avait-on pas la preuve dans l'action même sur laquelle se fondait la demande de cette pension ?

M. Lablée, en vieillissant, tâchait d'endormir ses peines. Comme aux jours de sa jeunesse, il se créait un monde où s'harmoniaient ses idées, ses goûts, ses affections ; mais rentré dans la vie positive, il gémissait de ne pouvoir plus rien saisir des rêves de son imagination. Le sentiment de son impuissance le faisait tomber dans le découragement ; parce qu'il n'était pas occupé, il lui semblait qu'il n'existait plus. Il s'était détaché de la société lyrique des Soupers de Momus, qu'il avait présidée, craignant qu'on ne trouvât dans ces honnêtes amusements une légèreté d'esprit inconciliable avec le travail administratif auquel il aurait voulu pouvoir revenir ; mais il ne gagna rien à ce sacrifice. Quelques articles dans des journaux, entrepris sous le patronage de Châteaubriant, et un intérêt dans d'autres où il se montrait encore l'adversaire d'un parti qui lui paraissait plus propre à détruire qu'à édifier, ne pouvaient rien pour sa réputation et sa fortune. Il s'adonna encore à la composition de petits contes destinés à la jeunesse. Mme de Genlis, qui estimait son goût littéraire, s'était jointe à lui pour la composition du petit journal *le Dimanche,* qu'il avait créé, et qui périt en d'autres mains.

Ces écrits, remarquables par de bons principes et une saine morale, pouvaient encore le rendre utile, mais étaient également insuffisants pour l'amélioration de son sort. Ce n'est pas d'ailleurs lorsque les ambitions fermentent ; lorsque les partis s'agitent, se combattent ; lorsque la considération, déviant de sa pente naturelle, se porte de préférence sur les fortunes bien ou mal acquises, qu'un écrivain moraliste ou sentimental peut espérer faire sensation ; heureux s'il se sauve de ce dont en France on ne se relève pas, du ridicule !

La révolution de juillet trouva M. Lablée aspirant à un ordre de choses plus en rapport avec ses idées philanthropiques. Il partageait avec tous les bons esprits, avec les vieux amis d'une sage liberté, l'impression que devaient faire les ordonnances ministérielles. Ce n'était guère que par la pensée qu'il lui était permis de prendre part au mouvement qu'elles avaient causé. Si lui aussi a été à l'Hôtel-de-Ville, ce n'était point pour y exercer une influence d'opinion ; n'avait-il pas été condamné à une nullité absolue ? Il avait trop bien vu comment se faisait une révolution, ce qu'elle coûtait, ce qu'elle entraînait à sa suite, et à qui elle profitait pour en désirer une nouvelle ; ce qui lui importait le plus était de voir ce que gagnerait à cette crise la liberté, qu'il a toujours conçue autrement que la plupart de ceux qui s'en sont dit le plus hautement les défenseurs. Quant à lui, dont les esprits avaient été moins abattus par de longues injustices que par le peu d'espérance qu'il avait de voir nos institutions purgées des vices auxquels il les attribuait, il a suffi, pour les relever, du vœu populaire qui a porté Louis-Philippe au trône. Ce prince avait si bien fait régner parmi ses nombreux enfants l'ordre, l'union, et toutes ces vertus qui font l'honneur et le bonheur des familles, qu'on pouvait croire que les partis se rapprochant, les esprits se ralliant à ce haut point d'unité, la France ne tarderait pas à jouir des bienfaits d'un gouvernement paternel.

M. Lablée s'est donc entièrement dévoué à la personne du nouveau roi, et ce grand dévoûment ne s'est pas démenti. On a vu que son père et son aïeul s'étaient montré attachés à la maison d'Orléans ; heureux leur fils de pouvoir allier ce sentiment patrimonial avec son civisme, sans crainte que par la suite il puisse avoir besoin d'être infidèle à l'un pour être fidèle à l'autre !

Ses hommages au roi, soit en vers soit en prose, ont été consciencieux ; il n'a point cherché à en tirer avantage. Nous citerons de lui quelques vers.

Le 1er mai 1832, la fête de Louis-Philippe se célébrait à Alais, département du Gard. Les autorités civiles et militaires étaient réunies dans un grand banquet. M. Lablée était du nombre des convives ; il improvisa un chant dans lequel on applaudit particulièrement ces vers :

Qu'à Philippe tout se rallie !
Avec des accords si parfaits,
L'Europe entière réunie
Verrait avorter ses projets.

Et surtout ces autres vers, qui reçurent les honneurs de la musique militaire :

> Roi citoyen, de ta puissance
> Pourquoi jalouse-t-on l'honneur ?
> Eh ! quelle est donc ta récompense ?
> A toi l'épine, à nous la fleur.

Le lendemain, le chant imprimé circulait dans tout le département.

Le gouvernement de Louis-Philippe n'a cependant pas été plus favorable à M. Lablée que son devancier. Après avoir perdu successivement par des suppressions administratives le prix ou la récompense de ses travaux et de ses services, une place lui devenait plus que jamais nécessaire : il en sollicita ; mais quoique par une grâce phénoménale il semble aujourd'hui, qu'il est *dans sa quatre-vingt-septième année,* avoir conservé ses facultés physiques et morales, dès 1830 et depuis, les heureux par la révolution l'ont trouvé trop vieux pour être employé. Cet ostracisme, appliqué à l'âge, peut-il donc se justifier s'il n'a pour motif dans l'aspirant une incapacité absolue ? Et quel supplice qu'une inaction forcée dont ne peut sortir l'homme qui a encore le sentiment de sa force !

Il est d'autres faveurs par lesquelles des ministres peuvent dédommager d'anciens fonctionnaires ou leur famille, qu'ils n'auraient qu'avec peine privés d'emplois ; quant à celles-ci, les promesses n'ont point été refusées à M. Lablée ; on peut même dire qu'ensuite il aurait été difficile d'exprimer, en termes plus affectueux, le regret d'être dans l'impossibilité de les remplir. Quelles qu'aient été les tribulations de M. Lablée près des cabinets administratifs, avant l'amnistie, il ne s'est pas plaint ; seulement quand ses blessures étaient trop vives ou s'aigrissaient par le souvenir de ce qu'il avait fait et de ce qu'il avait été, le vieillard murmurait ces mots qui lui étaient familiers : *Si le roi savait...* ; et lorsqu'il lisait dans les papiers publics que les services étaient récompensés et que les hommes étaient mis à leur place, il demandait dans quel lieu il fallait aller. Il était si juste et si facile aux puissants de le faire sortir de cette vie tourmentée dont il avait eu la prévision dès ses premiers pas dans le monde civilisé ! mais la plupart de ces hommes, fascinés par leur rang ou leur fortune, conçoivent-ils qu'il puisse y avoir, dans l'individu qui a besoin d'eux, une vertu qui le place réellement au-dessus d'eux, et que, lorsqu'ils lui font sentir leur supériorité en le repoussant, ils se placent eux-mêmes au-dessous de lui.

Les mauvais vouloirs avaient accablé M. Lablée ; toute espérance de rentrer dans la carrière administrative était perdue pour lui ; il avait abandonné celle des lettres : le genre d'ouvrages dans lequel il s'était le plus exercé n'était plus de mode ; la simplicité, le naturel, ne pouvaient plus être appréciés que par quelques bons esprits. Une révolution s'était faite en littérature comme en politique, révolution à laquelle on s'est demandé ce qu'avaient gagné la morale et le goût. Il est juste cependant de reconnaître la magie du talent de quelques écrivains qui, jeunes encore, ont conquis leurs palmes depuis le commencement de ce siècle ; mais M. Lablée, isolé, oublié, ne paraissant plus sur la liste des hommes de lettres, pouvait-il penser à entrer en concurrence avec ces écrivains d'élite qui, indépendamment de la supériorité du talent, ont l'avantage de former, dans leurs réunions près des ministères et dans les cercles de la cour, une classe privilégiée ? Il a fallu se résigner.

M. Lablée, réduit comme ci-devant au rôle inerte d'observateur, a appliqué son esprit d'observation aux grands intérêts de la société. Dans son aspiration au calme, dans sa sollicitude pour les jours du chef du gouvernement, lui aussi a cru voir que c'était parmi ceux qui devaient à Louis-Philippe le plus d'honneurs et de faveurs que se trouvaient les amis qui lui attiraient le plus d'ennemis et l'exposaient à plus de dangers. Il s'est bien gardé de se jeter dans le brouhaha des discussions politiques, ne sentant point, hors la presse, l'importance pour la chose publique des opinions individuelles de particuliers éloignés des affaires du gouvernement. On peut croire néanmoins, d'après ce qu'on a vu de lui, que, malgré son âge, si la liberté était en péril, son patriotisme, rompant les liens douloureux qui l'enchaînent, ne resterait pas inactif.

Si M. Lablée a joint une vertu à son dévoûment aux intérêts du pays, c'est celle de l'amour paternel ; c'est cette vertu qui a ralenti, égaré ses pas dans les sentiers où il s'était honorablement engagé ; c'est cette vertu qui a fait ses joies et ses supplices ; c'est elle qui lui a donné le courage de tant de démarches qui n'ont point été appréciées, et qui ne lui ont laissé qu'une conviction à

laquelle son esprit voulait toujours se soustraire, savoir,
que, sauf de bien rares exceptions, les hommes du
pouvoir n'accordent leurs faveurs que lorsqu'ils y ont
un intérêt personnel. La longue série des désappointe-
ments de cet ancien fonctionnaire irréprochable n'est-
elle pas propre à faire partager cette conviction ?

Recueillons les traits qui ressortent le plus de cette
biographie :

M. Lablée, fréquemment appelé par des suffrages
non mendiés à l'exercice de fonctions publiques qui
n'étaient pas toutes sans de grands dangers, en a rempli
une partie sans gages ;

Dans d'effrayantes crises il a désarmé des furieux,
guidé des hommes égarés, concilié des esprits ;

Sous le règne des tyrans populaires, il a provoqué
leur haine et leur vengeance ;

En garantissant de sa tête l'engagement d'un prince
qui n'aurait pas dû faire porter sur lui la responsabilité
de son serment, il a été le sauveur de ce prince devenu
depuis le premier auteur de la Charte française, et, si
on y fait attention, sans son action un mouvement noc-
turne aurait pu avoir en France un grand retentisse-
ment ;

Après avoir fait, en administration, des marchés
pour des millions, il est rentré dans ses foyers, comme
il en était sorti, les mains vides ;

Il a fait traverser à ses nombreux enfants toutes les
phases d'une sanglante révolution, sans qu'aucun con-
tact impur ait souillé la saineté de leurs mœurs et de
leur conduite ;

Comme certains, il n'a pas cherché dans la vénalité

ou l'impureté de sa plume, même par de fausses gaîtés, à sortir de sa mauvaise fortune ;

Dans de nombreux écrits il a instruit, en les récréant, l'enfance et la jeunesse, servi l'intérêt des lettres, et contribué à la propagation des saines doctrines.

Si sa vie publique, consacrée à tant de travaux, a éprouvé des vides, c'est qu'il n'a pas tenu à lui de les remplir.

M. Lablée n'attache point tant d'importance à ce qu'il a fait, et qu'il attribue en partie aux circonstances dans lesquelles il s'est trouvé, mais il aurait voulu que ce qu'il a pu faire de bien ou d'utile n'eût pas été si dédaigné par ceux qui avaient titre pour le reconnaître. Comptant avec lui-même, il gémit de n'avoir pas plus mérité de la société dans une aussi longue carrière ; s'il eût fait davantage, il aurait pu aspirer à une récompense de la nature de celle qu'un judicieux écrivain voudrait pour d'éminents services rendus (1) ; glorieuse récompense, que des fonctionnaires publics, chefs de famille, ambitionneraient, d'autant plus que l'honneur et l'éclat en rejailliraient sur leurs enfants, et tiendraient lieu de patrimoine à ceux qu'ils auraient laissés sans fortune.

M. Lablée a fait des ingrats et ne l'a pas été. Les noms de ceux qui l'ont aidé de leur pouvoir ou de leur influente recommandation sont toujours rappelés par lui. Il ne parle qu'avec attendrissement des bontés du roi et de la reine pour lui et pour les siens, ainsi que

---

(1) Nous voudrions une noblesse qui ne tirât ses titres que de services rendus.         *Le Temps*, 29 janvier 1838.

de celles qu'ont eues pour eux d'infortunées princesses, peu de jours avant la révolution de juillet.

On n'examinera point ici quelle a été la portée du talent littéraire de M. Lablée ; il a écrit dans tant de genres différents qu'il serait difficile de l'apprécier en quelques mots. Aux époques où il a le plus écrit, l'opinion des journaux lui était favorable. Quelques-uns de ses ouvrages ont eu plusieurs éditions : on l'appelait *le poète sentimental.* La Harpe l'avait, dit-on, compris parmi les quatre poètes français qu'il jugeait avoir le mieux saisi le genre de la romance historique. Ses romances ont eu cinq éditions. Les plus célèbres compositeurs, Grétry, Nicolo, Méhul, Devienne, Boïeldieu, Plantade, se sont exercés sur ses paroles qu'ils regardaient comme se prêtant bien à la composition musicale. Ses poésies légères ont été disséminées dans les journaux et les recueils du temps. C'est à ses ouvrages qu'il a dû l'honneur que lui ont fait l'académie de Lyon et la société royale des sciences d'Orléans, de l'admettre au nombre de leurs correspondants. Ce qu'il a écrit d'inspiration et de goût lui a réussi. Il ne se dissimule pas la faiblesse d'une grande partie de ses ouvrages en prose ; y mettant peu de prétention, il y mettait peu de soin. Les événements l'ayant jeté fréquemment hors de lui, comme il n'a pas été ce qu'il pouvait être, il n'a pas fait ce qu'il pouvait faire. *Fatigué,* dit-il, *par tant d'agitations, j'étais plus porté à la réflexion qu'au travail ; mon existence littéraire a été presque entièrement rêvée ; mes meilleurs ouvrages sont ceux que je n'ai pas faits.* Peut-être un recueil, formé avec

soin, de ses plus agréables productions en littérature
légère, surtout en poésie, ne serait pas aujourd'hui sans
succès.

Une de ses cinq filles, Mlle Isaure Lablée, a composé
et publié, sous le titre de *Violettes*, quelques opuscules
en prose, dont plusieurs journaux ont rendu un compte
favorable. Le roi et la reine ont daigné l'encourager. et
ont pris des exemplaires du recueil pour leur biblio-
thèque.

Nous ne terminerons pas cette notice sans rappeler
qu'en 1824 une aventure des plus tragiques fixa l'attention publique sur M. Lablée.

La comtesse de Lusignan, sa nièce, était morte em-
poisonnée près de Blois, au château de Ménars, appar-
tenant au maréchal Victor, duc de Bellune. Le comte
de Lusignan était le premier aide-de-camp du maréchal.
Pendant trois mois, la justice ne s'était pas livrée à des
formalités usitées en pareilles circonstances, et qui n'auraient pas été négligées s'il se fût agi de simples particuliers. M. Lablée, un des héritiers de la comtesse, fut
sur les lieux, prit beaucoup d'informations, et eut des
motifs pour ne pas croire au suicide. On produisait un
testament olographe, par lequel la comtesse, pendant
son agonie, avait donné tout son bien (environ 200,000 f.)
à son mari. M. Lablée, qu'on intimidait en lui repré-
sentant les difficultés qu'il aurait à appuyer de preuves
une poursuite au criminel, suivit le conseil de n'atta-
quer que la validité du testament. Les contradictions
des témoins appelés par M. de Lusignan, pour le procès-verbal d'enquête, autorisaient à croire à une capta-

tion. Il se vit réduit à poursuivre la nullité du testament, comme ayant été fait par une personne qui, au moment du suicide, n'aurait pu être saine d'esprit. Il avait pour lui toutes les illustrations du barreau français. L'influence de hauts personnages ne fut pas, dit-on, étrangère au jugement du procès. M. Lablée, après l'avoir perdu au tribunal de Blois, en appela à la Cour royale d'Orléans, où il succomba. Malheureusement, une indisposition subite l'avait empêché d'aller à Orléans assez à temps pour produire des pièces qui auraient porté, dans l'esprit des juges, une lumière de nature à faire au moins remettre le jugement du procès.

Quoi qu'il en soit, le voile qui a couvert cette abominable catastrophe n'est pas encore levé.

On lit, dans la *Biographie des contemporains*, que la publication des mémoires composés par M. Lablée dans le cours du procès n'a été *qu'une spéculation*. La réponse à cette injurieuse assertion est facile. Ces mémoires, nécessaires pour l'instruction du procès, et imprimés en petit nombre, n'ont point été destinés à la vente.

# OUVRAGES

## PUBLIÉS PAR M. LABLÉE.

---

### ROMANS MORAUX.

Silvine, fille séduite, au général Blinville. 1 vol. in-12.
Séligny, ou l'accusé de rapt. 1 vol. in-12.
L'homme aux six femmes, ou effets du divorce. 1 v. in-12.
Amour et religion. 2 vol. in-12.
Edlinde, ou le prix du courage. 1 vol. in-12.
La roulette, histoire d'un joueur. (Six éditions, en
    différents formats.)
L'écarté, histoire d'une joueuse. 2 vol. in-12.
Les visions de Quevedo. Traduction libre. 1 vol. in-12.

### CONTES A l'USAGE DE LA JEUNESSE.

Les rendez-vous de la colline. 2 vol. in-18.
Les six nouvelles. 1 vol. in-18.
Le vieux conteur. 1 vol. in-18.
Les contes du bonhomme. 1 vol. in-18.
La récréation. 1 vol. in-18.
Les égarements de l'enfance. 1 vol. in-18.

Ces quatre derniers recueils se trouvent chez Belin-Leprieur, libraire.

EN SOCIÉTÉ AVEC MADAME DE GENLIS.

Le dimanche, recueil périodique.

## OUVRAGES SUR DIFFÉRENTS SUJETS.

Considérations sur les jeux de hasard. 1 vol. in-12.
Deux éditions.

Tableau chronologique et historique des ordres de chevalerie depuis le IVe siècle. 1 vol. in-12.

Lettres d'un ancien avocat sur la contrainte par corps en matière de commerce. 1 vol. in-12.

Essai sur l'inspection des services de la guerre. Brochure in-12.

Notice sur les troubadours. Brochure in-12.

Mémoires d'un homme de lettres. 1 vol. in-8.

NOTA. Ces mémoires, trop rapidement écrits, ne pourraient servir que pour la composition d'autres mémoires.

## POÉSIES.

La mort d'Abel. Traduction libre, en vers. 1 vol. in-18.
Deuxième édition.

Satires d'Young sur l'amour de la renommée. Traduction libre, en vers. 1 vol. in-18. Deuxième édition.

S. M. Louis-Philippe, étant duc d'Orléans, a agréé la dédicace de la seconde édition.

Romances historiques et poésies légères. Cinq éditions en différents formats.

Werther et Charlotte, héroïde. Brochure in-8. Plusieurs éditions.

## RECUEILS POÉTIQUES.

Le journal des muses.

Les quatre saisons du Parnasse. Premier volume, continué et porté à seize volumes, par Fayolle.

Le choix décennal.
Le nouveau Parnasse chrétien.
La lyre sacrée.
Les annales poétiques.
Couronne poétique de Napoléon.

Nota. Les poètes les plus distingués de l'époque ont coopéré à la formation de ce volume, un des plus beaux monuments élevés à la gloire de Napoléon. Il en reste encore quelques exemplaires.

Nota. M. Lablée a, en manuscrits :

Nemrod, histoire de l'origine de la royauté. Vieux roman rajeuni.
Les causeries du vieux manoir. Douze contes.
Scènes sentimentales, sujets tirés de la Bible.

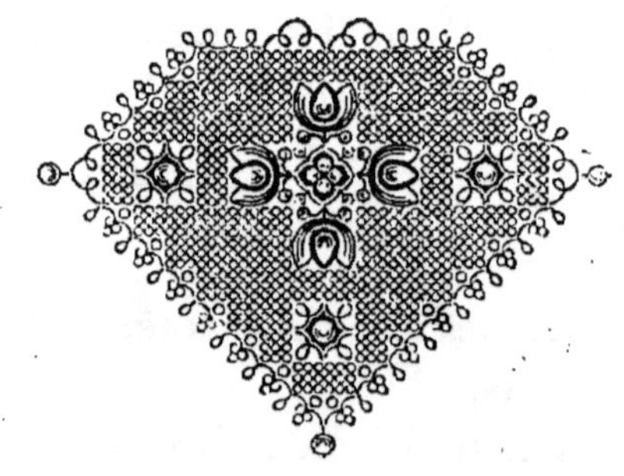

# SUPPLÉMENT

## BIOGRAPHIE DE M. LABLÉE.

M. Lablée paraissant moins dans sa *Biographie* comme homme de lettres que comme administrateur, et son nom ne se trouvant sur aucune des listes de poètes vivants vers lesquels les évaluateurs de talents littéraires appellent aujourd'hui l'attention ou la faveur du public, nous croyons ne pouvoir mieux répondre à l'observation qui nous en est faite qu'en insérant dans le petit nombre d'exemplaires de cette *Biographie* destinés à la vente, des morceaux détachés, à peu près sans choix, de ses poésies imprimées. Ces extraits mettront sans doute à même d'apprécier dans lui le poète et le moraliste (1).

## Extrait de la romance LA JEUNE CAPTIVE, fille de Louis XVI.

Dans de plus humaines contrées
Va couler des jours plus heureux,
Et vers des ombres révérées
Jette un regard moins douloureux :
L'âme de vertus embellie
Respire au milieu des tombeaux,
L'assassin privé de repos
Meurt dans le tourment de la vie.

(1) Presque toutes les éditions des œuvres de M. Lablée ont été tirées à petit nombre. La moitié de la cinquième et dernière édition de ses romances historiques et poésies légères a, dit-on, été volée et envoyée dans les îles.

## Extraits d'un **ADIEU AUX MUSES**

(Imprimé sous le Directoire) (1).

—

Brisons cette lyre champêtre
Dont j'aimais à tirer des sons voluptueux :
De mon cœur, de mes sens, l'amour n'est plus le maître,
Puis-je parler encor le langage des dieux ?
Quand ce cœur indigné repousse tant d'outrages,
Quand ma marche incertaine et mes cheveux blanchis
Du malheur et du temps attestent les ravages (2),
Est-ce à moi des amants fidèles ou volages
A peindre les désirs, les jeux, ou les ennuis ?

. . . . . . . . . . . . . . . .

Pourquoi, si digne d'être honorée et chérie,
Cette mère, qu'on vit quitter en autre temps
Ses goûts, ses jeux, ses ornements,
Pour le soutien de la patrie,
Tremblante de besoin, à ses pâles enfants
Ouvre-t-elle en pleurant les sources de la vie,
Quand, sur des chars triomphateurs,
Ivres de voluptés, fatigués de richesses,
Des brigands protégés, des brigands protecteurs,
Promènent dans Paris leurs infâmes maîtresses,
Glaçant de nouvelles terreurs
Les cœurs déjà brisés par de longues détresses ?

. . . . . . . . . . . . . . . .

Ces défenseurs vénaux de la cause civique,
Machiavélistes adroits,
Pourquoi ne laissent-ils au peuple, ami des lois,
Ni royauté, ni république ?

(1) Cet *Adieu aux muses* a paru, pour la première fois, dans un volume de *Satires*, publié par Colnet, en l'an IX de la république.
(2) M. Lablée, qui se croyait déjà vieux, a depuis vécu quarante ans, et tout dans lui fait augurer qu'il a encore long-temps à vivre.

Pourquoi, dans ses réduits, le génie oublié
Languit-il, dédaignant la faveur et les brigues,
Quand un sot, à Midas par l'intérêt lié,
> Obtient au foyer des intrigues
> Un titre privilégié ?....
Pourquoi, renouvelant le barbare scandale
> Des sanguinaires factions,
> Met-on toujours la justice en morale
> Et les excès en actions ?

.   .   .   .   .   .   .   .   .   .   .   .   .

Que vous êtes petits, ô grands hommes d'un jour !
> Enfants perdus de l'anarchie,
Ridicules tyrans de ma triste patrie !......

.   .   .   .   .   .   .   .   .

> Peut-être un jour l'humanité,
> La sagesse, l'urbanité,
De l'état affranchi dirigeront les rênes.
Pouvoir libérateur, comprime de tes chaînes
L'essor de la vengeance et l'espoir des bourreaux,
Ranime ces mortels échappés aux tombeaux,
Fais rentrer le génie en ses vastes domaines ;
> Dans l'oubli de toutes les haines,
Que tous les bons Français s'unissent en faisceaux ;
> Hâtons-nous, et de nos vaisseaux
Dirigeons vers la paix les voiles incertaines !

—————

**Extrait de l'HÉROÏDE.**

—

WERTHER A CHALOTTE.

Nos jeux calmaient l'ennui de mon âme inquiète ;
Tu ne me cachais pas tes plaisirs, tes douleurs,
Je pouvais y mêler et ma joie et mes pleurs,

Et j'irais, pousuivant de brillantes chimères,
Porter sur d'autres biens mes regards adultères !
Signalant sur mon front ma honte et mes revers,
J'égarerais mes pas dans un monde pervers,
Où le vil intérêt, plus fort que la nature,
Est seul des actions la règle et la mesure ;
Où, soumis en esclave à d'arbitraires lois,
L'homme pour de faux biens a vendu tous ses droits ;
Où le vice triomphe, où l'intrigue prospère ;
Où la vertu languit au sein de la misère ;
Où le charlatanisme, heureux et couronné,
Insulte aux longs soupirs du génie enchaîné,
Et pour lui seul ouvrant les portes de la gloire,
Proclame sans pudeur sa facile victoire !
Ton amant attendrait son destin d'un coup d'œil
De ces prétendus grands, pleins d'audace et d'orgueil,
Qui dans leurs volontés n'éprouvant point d'obstacles,
De la vérité sainte ont proscrit les oracles !
Le dirai-je ? en leur cercle on me vit un instant :
Ma présence y fit naître un murmure insultant ;
Il eût fallu du sang pour assouvir ma rage ;
Mais les grands savent-ils réparer un outrage ?
Cet affront, je l'avoue, est resté sur mon cœur,
Je veux mourir ; la tombe est pour moi sans horreur.
Mourir ! de cet espoir l'infortuné s'enivre ;
Mais que disent ces mots, mourir, cesser de vivre ?
Au moment où j'écris, plein de force et d'amour,
Dans une heure de toi séparé sans retour !....
La mort ! profond abîme où notre esprit se plonge,
Ressemble aux noirs tableaux que nous offre un vain songe,
Et ce mot, effrayant par son lugubre son,
Si l'on veut le saisir, égare la raison !


Un voile épais dérobe à notre intelligence
L'origine et la fin de l'humaine existence.

Voyez-vous ces guerriers sur la terre étendus ?
Ils poursuivent encor l'ennemi qui n'est plus :
Si dans leur sang glacé leur âme était éteinte,
Sur leurs livides fronts brillerait-elle empreinte ?
Cet enfant, qui du jour n'a pas vu la clarté,
Par divers souvenirs n'est-il pas agité ?

. . . . . . . . . . .

———

## Autre Extrait de l'HÉROÏDE.

Ta main était promise, ô regrets ! ô douleurs !
Tu ne pouvais parler, tu me donnas des fleurs.
La nuit, je fus long-temps prosterné devant elles,
Mais ces impressions ne sont point éternelles ;
Tout disparaît, les fleurs, la beauté, les regrets ;
Un véritable amour ne s'éteindra jamais.
Non, l'âme que ma bouche aspira sur tes lèvres,
Cette soif de jouir, ces dévorantes fièvres,
Sources de voluptés ainsi que de tourments,
Où s'avivent les cœurs des malheureux amants ;
Enfin ce que l'on sent de plaisir et d'extase,
Quand par de longs baisers on s'enivre, on s'embrase,
Tout cela ne craint rien, ni du temps, ni du sort :
Ne point aimer, voilà le signe de la mort.

———

## Autre Extrait de l'HÉROÏDE.

Laissons nos préjugés, ton hymen fut un crime,
Le nœud que tu formas ne fut point légitime ;
Albert, lorsque deux cœurs, l'un vers l'autre attirés,
Sont unis par l'amour, ces liens sont sacrés.
Quels autres intérêts, quels pouvoirs et quels titres
Peuvent de leurs destins devenir les arbitres ?

Peut-on les séparer sans offenser le Ciel ,
Sans se rendre à la fois et vil et criminel ?
Non, d'indiscrets serments , ni la loi , ni l'usage ,
Ne légitiment pas un barbare esclavage.

---

## DIEU.

### (Imitation d'Hervey.)

—

Ces mondes suspendus au-dessus de nos têtes ,
Ces nuages épais qui lancent les tempêtes ,
Ces atomes qu'agite un invisible feu,
Ces êtres animés nous annoncent un Dieu.
Dieu ne se cache pas ; sans éblouir la vue,
Il s'offre en tous les points de l'immense étendue.
Oui, notre œil attentif voit dans tous les objets
Sa bonté , son pouvoir, sa gloire et ses bienfaits.
Qu'un cœur reconnaissant aime à te rendre grâces,
O mon Dieu ! que de biens se cueillent sur tes traces !
Tu le veux, du soleil les rayons caressants
Raniment, le matin, nos esprits languissants ;
Le soir, les doux zéphyrs modèrent leurs haleines ,
Un sang plus rafraîchi circule dans nos veines.
Quand le ciel est semé d'innombrables flambeaux ,
Tu répands sur nos yeux le charme du repos ;
Ta main verse partout la vie et la lumière ;
C'est toi qui nous souris dans la fleur printanière.
L'insecte ailé nous fait admirer son auteur,
Et le vaste univers est plein de ta grandeur.

# COMMENCEMENT D'UNE SCÈNE DU DÉLUGE.

(Imitation de Gessner.)

Les eaux couvraient déjà les cités, les campagnes ;
Déjà disparaissait le sommet des montagnes ;
Un rocher seulement, de son front sourcilleux,
Semblait braver encor la vengeance des cieux.
De malheureux humains, pleins d'un nouveau courage,
Dans le trompeur espoir d'échapper au naufrage,
Gravissaient vers la cime, et faibles, haletants,
Suspendaient, redoublaient leurs efforts impuissants.
Ils échappent en vain à l'onde qui les presse ;
Elle s'enfle, s'irrite et les poursuit sans cesse.
Le rocher entr'ouvert cède aux flots ses débris.
Oh ! que d'infortunés soudain sont engloutis !
Le fils meurt, s'efforçant de secourir son père,
Et des enfants, serrés dans les bras de leur mère,
Reçoivent à la fois ses pleurs et ses adieux !

. . . . . . . . . . . . . . .

---

## Extrait de la FIN DU MONDE Et du JUGEMENT DERNIER.

(Tableaux.)

Déjà de tous côtés des signes précurseurs
Remplissent les esprits de profondes terreurs ;
De la destruction le génie implacable
Promène aveuglement son glaive formidable.
Jouets de vents fougueux tout-à-coup déchaînés,
Dans le sein des forêts tombent déracinés

Des pins, fiers de braver les autans et les âges.
L'enceinte des cités , les palais, les villages,
N'offrent plus aux humains d'asiles assurés
Contre les éléments à la fois conjurés.
Sous mille aspects la mort exerce son empire :
Là, son souffle se mêle à l'air que l'on aspire,
Et les secours de l'art deviennent impuissants ;
Là , du ciel obscurci tombent de noirs torrents ;
Des fleuves irrités , franchissant leur barrière,
Partagent avec eux leur fureur meurtrière ;
Et la terre, flétrie, à leur rapide cours
Cède, avec ses trésors, ses plus brillants atours...

. . . . . . . . . . .

Bientôt des monts altiers sont ébranlés , s'affaissent ;
D'autres à nos regards tout-à-coup disparaissent,
Et du nord au midi, dans les mêmes instants,
Notre globe, attaqué jusqu'en ses fondements,
S'entr'ouvre et fait sentir des secousses horribles.
La mer accroît encor ces présages terribles ;
L'œil plonge avec effroi dans ses gouffres hideux ;
Elle forme des monts de ses flots sulfureux,
Et, rivale à la fois du ciel et de la terre,
Fait rugir ses volcans et lance son tonnerre...

Du Vésuve, à son tour, le sein plus enflammé
Hâte de ses fléaux le terme accoutumé ;
Il concentre sa rage, et des feux qu'il recelle
Il ne laisse échapper qu'une faible étincelle.
Mais qui peut se méprendre à ce signe trompeur ?
Ses sourds bouillonnements glacent les sens d'horreur.
Il éclate, et jamais ses célèbres orages
N'ont étendu plus loin ses funestes ravages.

. . . . . . . . . . .

Mais quelle obscurité dans l'air vient se répandre !
Quel tonnerre inconnu vient de se faire entendre !...

## JUGEMENTS.

Parmi les attentats qu'ennoblit l'imposture,
Celui qui mit obstacle au but de la nature,
Qui donna, dédaignant de légitimes droits,
La force pour raison, des volontés pour lois,
Arma des favoris de sanglants priviléges,
Offensa les regards de ses jeux sacriléges,
Et ne laissa pour dot à ce triste univers
Que la peine, la honte, et la crainte, et des fers,
Le despotisme enfin, aux humains si funeste,
Vient exciter surtout la vengeance céleste.

. . . . . . . . . . . .

Vous êtes condamnés, princes ambitieux
Dont les armes bravaient la colère des cieux ;
Qui, toujours prolongeant les horreurs de la guerre,
Pour vos seuls intérêts ensanglantiez la terre !...
Et vous, d'un peuple faible odieux oppresseurs,
Ministres sans vertus, et courtisans sans mœurs,
Habiles à lier, par un nœud politique,
Les zélés défenseurs de la raison publique ;
Et vous, qui, prosternés devant les premiers rangs,
Caressant tour à tour et le peuple et les grands,
N'avez dû qu'à l'intrigue, à d'obscures bassesses,
De l'emploi, des honneurs, de honteuses richesses,
Méconnaissiez les droits de la sainte amitié,
Refusiez au malheur le don de la pitié,
Et dont les cœurs, flétris par d'indignes souillures,
Ne s'animaient qu'au sein des voluptés impures ;
Et vous, dont les écrits, les fatales leçons,
Ont, dans de jeunes cœurs, versé de noirs poisons ;
Vous, égoïstes froids, qui, pour calmer des maux,
N'auriez pas voulu perdre un instant de repos,

Mais qui, dans vos dangers, cédant à vos alarmes,
Mendiez des secours, sollicitiez des larmes.....

. . . . . . . . . . . . . . .

Dè votre désespoir, eh ! qu'importe l'essor ?
Souffrez, n'avez-vous pas mérité votre sort ?

Spectacle ravissant ! image consolante !
Coutemplons des humains l'élite triomphante.
Ils sont élus ces rois, ces princes bienfaiteurs,
Qui des droits naturels furent les protecteurs ;
Qui, d'un Dieu juste et bon vive et sensible image,
Ont, par des biens nombreux, signalé leur passage ;
Qui fécondèrent tout de leurs puissants regards,
Amis des douces lois, et des mœurs et des arts,
Donnant au culte saint des ministres, des temples,
Au pauvre des secours, au peuple des exemples....

Déjà pour les méchants l'éternité commence ;
L'enfer les a reçus, et de son gouffre immense
Sortent précipités leurs lamentables cris.
La terre n'offrait plus que d'informes débris,
Le néant saisit tout, et dans sa nuit profonde
Il plonge le soleil, les siècles et le monde.

---

## MŒURS DU JOUR.

(Extrait des *Satires d'Young*, traduction libre, 2ᵉ édition.)

—

Quel spectacle effrayant oppresse ma pensée !
Déjà sur son déclin, cette mère insensée
A de coupables feux se livre avec fureur ;
Le crime à ces enfants n'inspire point d'horreur ;

L'honnête homme est flétri par des propos perfides,
Le vol heureux s'expie en des repas splendides,
La plainte est défendue, et les jeux sont permis;
Partout des amis froids, de cruels ennemis;
A ses fiers défenseurs la vérité fatale;
L'usure est mise en loi, la tendresse est vénale;
S'il ne protège pas, le vice est protégé;
Le talent, sans appui, languit découragé,
Et le sage est perdu dans une nuit profonde.

## UN CONQUÉRANT.

(Extrait des *Satires d'Young.*)

—

Oh! comme il aime à voir des pays dépeuplés,
Sous le fer du vainqueur les vaincus rassemblés,
Des mers teintes de sang, des villes saccagées,
Des orphelins plaintifs, des femmes égorgées!
Les pleurs, les cris de mort, dans l'air retentissants,
Ne font au doux sommeil que provoquer ses sens.

O jeune audacieux! de ta coupable gloire
Des siècles ne pourraient condamner la mémoire!
Pourquoi refuse-t-on des éloges flatteurs
A l'orage, aux volcans, aux fléaux destructeurs?
Et ces fléaux aussi, fertiles en miracles,
Ainsi que les héros, trouvent-ils des obstacles?
Pour qu'un ancien état s'éclipse sans retour,
A ces moteurs puissants que faut-il donc? Un jour.
Quel honneur, si, bravant une pitié funeste,
On égale en vertu la famine et la peste!
Farouche destructeur, te consacrer ses vers,
N'est-ce pas blasphémer l'auteur de l'univers?

Je parcourais la plaine où, par un long carnage,
S'était de fiers guerriers signalé le courage.
Quel horrible tableau frappe mes sens émus !
Des corps hideux et froids sur la terre étendus,
Hommes qu'une heure avant je voyais pleins de vie ;
Un empire détruit, la lumière ravie
A tout un peuple né pour un plus heureux sort !
Hélas ! en contemplant ces images de mort,
Qui ne se croit atteint d'une vive blessure ?
Dans mon cœur retentit le cri de la nature ;
Indigné, j'appelai les vengeances du ciel
Sur ces assassinats qui rendent immortel.

## LE TOMBEAU.

(Extrait de *Chants élégiaques.*)

—

Elle n'est plus, et moi je vis encore ;
Je vis, et je voudrais mourir ;
Du noir chagrin qui me dévore
La mort seule peut m'affranchir.
D'un mal cruel atteinte, hélas ! ma jeune amie
Me cachait avec soin ses secrètes douleurs !
Si, pâle, consterné, je tremblais pour sa vie,
Un sourire touchant se mêlait à ses pleurs.
Elle n'est plus ! J'étais prêt à la suivre.
Pourquoi m'avoir donné vos perfides secours,
Cruels amis ? si je peux lui survivre,
Le sort de mille maux doit accabler mes jours !
Sur la tombe de vos maîtresses,
Chantez, chantez encore, ô poètes amants !
De vos lyres enchanteresses

Que tout un peuple ému répète les accents !
Le bonheur à mes vers a pu prêter ses charmes ;
   Puisque j'ai perdu Thélaïs,
   Dans la retraite et les ennuis
   Je n'ai plus qu'à verser des larmes !

---

## L'ENCHANTEMENT DE L'AMOUR.

—

Vallons délicieux, verts coteaux, frais bocages,
Où de jeunes amants égarent leurs désirs,
Où, près d'être emporté par le torrent des âges,
Le vieillard se ranime au feu des souvenirs ;
Harmonieux buissons, parure de nos plaines,
Rochers, fiers protecteurs de l'abri des bergers,
Sentiers fleuris, gazons, et vous, zéphirs légers,
Et vous, bruyants ruisseaux, et vous, claires fontaines,
Ornements enchanteurs de ce riant séjour,
Qui portez dans nos sens un trouble involontaire,
   Hélas ! qu'êtes-vous sans l'amour ?
Du bois, de l'eau, du vent, de l'herbe et de la pierre.

---

## LES POÈTES DU JOUR.

(En 1796.)

—

Que font les poètes du jour ?
Ils prennent, quittent tour à tour
Et l'encensoir et la férule ;
Parlent, aux boudoirs de l'amour (1),

(1) L'hôtel *Thelusson*, où s'était formée une société littéraire sous le nom de *Veillée des Muses*.

Du verbe et de la particule ;
Nous font, par maint long opuscule,
Veiller la nuit, dormir le jour ;
Entre eux se nomment sans scrupule
Ovide, Virgile, Tibulle,
Et, bravant un rire incrédule,
L'un sur l'autre se guindent pour
Monter Pégase qui recule (1).

---

## MES VŒUX.

(Vers imprimés en 1796.)

—

Si quelque jour tu dois me rendre heureux,
Tels sont, destin, les objets de mes vœux :

Dans un air pur, loin du bruit de la ville,
Sur le penchant d'une côte fertile,
Que ma maison, simple en ses ornements,
Flatte la vue et domine les champs ;
D'arbres ombreux qu'elle soit entourée ;
Qu'un mur épais en défende l'entrée
Aux malveillants, aux sots, aux beaux esprits ;
Qu'un doux sentier y guide mes amis,
Mes vieux amis perdus pendant l'orage,
Mais, grâce au ciel, échappés au naufrage ;
Que le dedans, par un soin délicat,
S'orne sans luxe et brille sans éclat.
J'ai tous les goûts d'un enfant de la lyre,
Qu'autour de moi la volupté soupire ;
Je veux des fleurs, de séduisants tableaux,
Un demi-jour sur un lit de repos,
Des livres faits pour embellir la vie

(1) On n'a point pardonné à M. Lablée cette innocente épigramme.

Du charme pur de la philosophie ;
De meubles frais les élégants contours ;
Grâce au burin, de folàtres amours
Mis en contraste à côté de ces sages
Dont le nom seul appelle nos hommages ;
Dans ma retraite, enfin, je veux partout
L'ordre, l'aisance et la grâce et le goût.
Que ma main cueille, errante sur mes treilles,
Les fruits dorés et les grappes vermeilles ;
Dans mon jardin, sous mes yeux cultivé,
Qu'un pavillon, pour moi seul réservé,
Me cache à tous, et déroule à ma vue
De l'horizon la champêtre étendue :
Je veux encore, aux pieds de ce coteau,
Suivre en son cours l'harmonieux ruisseau,
Ou promener ma longue rêverie
Dans les guérets et la verte prairie ;
Qu'à mon aspect bondissent mes agneaux ;
Qu'en mon verger s'élèvent des berceaux ;
Qu'un bois surtout, là riant, là sauvage,
Les jours d'été, m'égare sous l'ombrage.
Et qui pourrait ne se pas attendrir,
Si près de moi viennent s'y réunir,
Livrés enfin à l'essor de la joie,
Mes chers enfants aux longs malheurs en proie ?
Destin, rends-leur ce que tu m'as ôté,
Un doux loisir, la paix, la liberté ;
Tous ces grands biens sont le fruit de l'aisance.
Que font l'éclat, la gloire, l'abondance ?
Timide, obscur, leurs prestiges jamais
Ne m'ont donné ni désirs ni regrets.
Eh bien ! ce sort qui charme mon envie,
Riant attrait des rêves de ma vie,
J'en jouirais si j'avais à mon tour
Ce que Félix dissipe en un seul jour,

Ou l'or qu'Almin prodigue à sa maîtresse
Pour une nuit de docile tendresse.

Si quelque jour tu dois me rendre heureux,
Tels sont, destin, les objets de mes vœux.

## LES SOLLICITATIONS.

(Extrait des *Satires d'Young*.)

Des grands si l'on obtient ou faveur ou justice,
C'est moins l'effet du choix que celui du caprice.
Ils donnent, j'en conviens, mais prennent-ils le soin
De se faire informer du droit ou du besoin?
Par vingt solliciteurs la place demandée,
Si vous êtes près d'eux, va vous être accordée ;
Ils mettent, en bâillant, le comble à tous vos vœux.
Ah! l'on est inhumain plutôt que généreux,
Lorsqu'on donne au hasard, et l'homme de mérite
Qui, privé de repos, près d'un grand sollicite,
Et le grand qui par lui veut être supplié,
Je l'avouerai, me font une égale pitié.

## AUX POÈTES.

(Extrait des *Satires d'Young*.)

Poètes, reprenez votre noble courage :
Est-ce à vous que convient ce perfide langage
Qui, bravant la faiblesse, aigrissant les douleurs,
Laisse au vice son trône, à la vertu ses pleurs?
Irez-vous, des grandeurs servant la tyrannie,
Donner aux sots titrés les honneurs du génie?
Verra-t-on l'éloquence, avec ses traits brûlants,
Flatter sur les tombeaux le vain orgueil des rangs,
Et changer par son art, ami de l'imposture,
La censure en éloge et l'éloge en injure?

FIN.

PARIS. — Imprimerie de E.-B. PELLICHI, faubourg Montmartre, 11.